M. SAPAJOU,

OU

L'ENSEIGNE DU SINGE,

VAUDEVILLE EN UN ACTE;

Par M. DUMERSAN.

Représenté pour la première fois, à Paris, sur le Théâtre Montansier, le 26 Vendémiaire an 14 (15 Octobre 1805).

Prix , 1 franc.

PARIS,

Chez Mad. CAVANAGH, Libraire, sous le Passage du Panorama, N°. 5.

1805.

La scène est à Paris.

Le Théâtre représente une rue. Sur la droite de l'acteur, au premier plan, une boutique en saillie, ayant pour enseigne un gros singe bleu sculpté et posé sur un socle à la hauteur du premier étage. Au-dessus, une fenêtre garnie de pots de fleurs. On lit sur le socle : Au Singe Bleu.

M. SAPAJOU.

SCENE PREMIERE.
DUPINCEAU.

Il est de bonne heure ! la boutique de M. Sapajou n'est pas ouverte et les rideaux sont encore tirés chez Mlle. Maline.,. Il n'est pas étonnant que je sois le premier au rendez-vous : on ne dort guère quand on a de l'amour en tête.

Air : *Il faut des époux assortis.*

Recevant hier mon adieu,
A demain, me dit ma maîtresse.
Je suis avant elle en ce lieu,
Dois-je l'accuser de paresse ?
Je vois déjà venir le jour
Et je ne la vois pas encore :
Il a devancé son amour
Quand le mien devançait l'aurore.

Il faut que je sache aujourd'hui, les raisons pour lesquelles elle diffère toujours notre union... Ah ! sa fenêtre s'ouvre, la voilà.

SCENE II.
DUPINCEAU, MALINE, *ouvrant sa fenêtre.*

MALINE
Déjà ici, M. Dupinceau !

DUPINCEAU
Depuis long-tems, mademoiselle ! mais descendez, je vous prie ; il n'est pas commode de causer par la fenêtre.

MALINE
Je suis à vous dans l'instant.

DUPINCEAU, *seul, pendant qu'elle descend.*
Enfin je vais la prier de s'expliquer et je ne crois pas qu'elle puisse me donner une raison, à laquelle je ne réponde victorieusement.

MALINE, *arrivant.*
Vous voici de bien bonne heure,

DUPINCEAU
Oh ! l'amour est un bon reveil matin.

MALINE
C'est tout le contraire chez moi.

Air : *Souvent la nuit.*

Toute la nuit, quand je sommeille,
En songe, vous m'apparaissez ;
Mais aussitôt que je m'éveille,
Le songe fuit, vous me laissez.

Comme chaque jour votre ouvrage,
Loin d'ici, vous prend votre tems,
Moi, c'est pour vous voir plus long-tems,
Que j'aime à dormir davantage.

DUPINCEAU

C'est bien honnête de votre part, mais pendant que vous me voyez en songe ; moi je perds votre présence en réalité.

MALINE

Dites-moi donc par quel hazard vous êtes aujourd'hui dans ce quartier ?

DUPINCEAU

Je compte y travailler toute la journée ; j'ai reçu une lettre de M. Sapajou votre voisin, qui me demande pour de l'ouvrage.

MALINE

A propos, savez-vous bien qu'il m'aime, le voisin ?

DUPINCEAU

Il oserait...

MALINE

Ah ! j'espère que vous ne le craignez pas.

DUPINCEAU

Il est vrai que sa laideur surpasse sa richesse, mais pour me prouver que je ne dois pas le craindre que n'acceptez-vous ma main dès aujourd'hui ?

MALINE

Mais, mon ami, cela ne se peut pas.

DUPINCEAU

Donnez-moi une raison.

MALINE

J'en ai dix... La première c'est que vous et moi nous n'avons pas de fortune ; et se marier pour être malheureux, cela n'en vaut pas la peine.

DUPINCEAU

Ah ! Mlle. Maline que dites-vous là...

Air : *l'amour ainsi que la nature.*

Puisque votre adresse est telle,
Qu'en brodant de la dentelle,
Vous gagnez assez pour vous,
Acceptez-moi pour époux.
Vous verrez que ma peinture,
Doublera ce produit là.

MALINE

Pour un peintre, je vous jure,
Vous colorez mal cela.

DUPINCEAU

Je vous peins la vérité.

(5)

M A L I N E
Mais si malgré notre zèle,
La peinture ou la dentelle
Eprouve un accroc léger,
L'espérance est en danger ;
L'union n'est plus heureuse
Dès que l'aisance s'en va.

D U P I N C E A U
Vraiment, charmante brodeuse,
Vous nous brodez trop cela.

M A L I N E
Vous savez bien que je ne peux pas me marier, sans le consentement de mon oncle ; il est absent depuis trois ans, attendons son retour.

D U P I N C E A U
Attendre son retour, et M. Sapajou est, dites-vous, amou-reux... ah ! mon dieu je suis perdu.

M A L I N E
Pourquoi donc ?

D U P I N C E A U
Vous allez le voir, M. Bilboquet votre oncle, lorsqu'il est parti pour ce voyage, a laissé à la tête de son commerce Sapajou, son premier garçon. Les affaires allaient fort mal, lorsque Sapajou s'est avisé de faire mettre pour enseigne à la boutique, ce gros singe, quelques jours avant le départ de votre oncle. Tout alors a changé de face, les pratiques sont venues en foule, et le singe bleu a fait fortune.

M A L I N E
Quelle conjecture tirez-vous de là ?

D U P I N C E A U
Que M. Bilboquet, par reconnaissance, vous donnera à ce maudit Sapajou.

M A L I N E
Que faire ?

D U P I N C E A U
Tout n'est pas encore désespéré, le singe est l'ou-vrage de mon père, Sapajou ne m'a donné dessus qu'un léger à compte, nous n'avons pas fait de prix ! parbleu il renoncera à vous ou à son enseigne.

M A L I N E, *riant.*
Croyez-vous qu'il hésite ?

D U P I N C E A U
Non.

Air : *de la Fanfare de St.-Cloud.*

Si j'avais un choix à faire,
Il ne serait pas douteux ;
Mais Sapajou, je l'espère,
N'a ni mon cœur, ni mes yeux.

Avare et laid , il me semble ,
Que le singe est son vrai lot.
Qui se ressemble s'assemble :
Il choisira le Magot.

Il me vient une idée. M. Desmaisons, son propriétaire, était l'ami intime de mon père... C'est encore un original ; mais il m'aime, il faut que je le mette dans nos intérêts ; il nous servira à merveille.

MALINE

Je le désire. Ah çà, je vous quitte., pour aller chercher un petit carton d'ouvrage qu'il faut que je reporte chez une pratique ; sans adieu.

SCENE III

DUPINCEAU, *seul.*

Elle m'aime , je ne crains plus ni les oncles , ni les rivaux ; pensons maintenant à nos moyens d'exécution. D'abord sachons ce que Sapajou me veut, ensuite demandons de notre singe un prix exorbitant ; et forçons notre homme à capituler. Ah il ouvre sa boutique... Abordons le (*Pendant ce monologue Sapajou ouvre sa boutique.*)

SCENE IV

DUPINCEAU, SAPAJOU.

SAPAJOU, *chantant.*

Voilà, voilà qu' ma boutique est ouverte !

DUPINCEAU

Votre serviteur , M. Sapajou.

SAPAJOU

Ah ! c'est vous, petit Dupinceau.

DUPINCEAU

Vous voyez, M. Sapajou, moi-même,: j'ai reçu votre lettre, et j'accours.

SAPAJOU

C'est fort heureux ! Parbleu, j'allais envoyer chez vous, c'est de l'ouvrage pressé.

DUPINCEAU

Tant mieux, je suis toujours prêt à travailler.

SAPAJOU

Vous voyez bien mon singe.

DUPINCEAU

Oui , je le connais à merveilles.

SAPAJOU

Qui est-ce qui ne le connaît pas ! mais il lui est arrivé un accident.

DUPEINCEAU

Un accident !

(7)

S A P A J O U

Oui voilà.

Air : en revenant de Bâle en Suisse.
La pluie a gâté cette enseigne,
Livrée aux injures du tems ;
Or, je veux qu'on me la repeigne.

D U P I N C E A U

J'y vais mettre tous mes talens.
Je vous la rapporte ;
Dès qu'on la verra,
Chacun, à la porte,
Vous reconnaîtra.   bis.

S A P A J O U

Voilà ; mais combien me prendrez-vous ?

D U P I N C E A U

Fi donc ! ne parlons pas de ça.

S A P A J O U

Si fait ; j'aime à faire mes marchés d'avance, parce que je sais à quoi m'en tenir.

D U P I N C E A U

C'est un joli morceau. Il faut le peindre avec soin.

S A P A J O U

Bah ! il n'y a qu'une couleur à mettre.

D U P I N C E A U

Oui, mais le bleu, c'est la couleur la plus chère.

S A P A J O U

Ah ! ah !... Eh ! bien, changeons de couleur ; il n'y a qu'à le peindre en vert.

D U P I N C E A U.

En vert ! cela vous coûterait bien plus cher encore.

S A P A J O U

Pourquoi cette couleur est-elle plus chère que les autres ?

D U P I N C E A U

Pourquoi !
Air : Vaud. de l'Intrigue sur les Toits.
Au printems, voyez la nature
Prendre son coloris flatteur ;
Elle renaît, et la verdure
Vient charmer les yeux et le cœur.
Oui, le vert plaît de préférence
Aux riches, comme aux indigens :
C'est la couleur de l'espérance,
On la vend cher à bien des gens.

S A P A J O U

Voilà... Mais comme je ne vous paierai pas en espérance...

D U P I N C E A U

Penez garde ; si vous marchandez, je vous en donnerai pour votre argent.

S A P A J O U

Est-ce qu'il y a plusieurs sortes de vert.

DUPINCEAU

Je le crois bien.

Même air.

Si c'est pour le clair ou pour l'ombre
Le vert doit bien changer de prix ;
D'abord, pour plus d'un drame sombre
J'ai vendu cher mon vert-de-gris.
Je vends, pour que tout s'appareille,
Mon vert pâle à l'auteur nouveau ;
Aux bons buveurs le vert-bouteille;
Aux vieux avares le vert-d'eau !

SAPAJOU

C'est le meilleur marché... Donnez-moi le verd-d'eau.

DUPINCEAU

Comme vous voudrez.

SAPAJOU

D'ailleurs, faisons un arrangement.

DUPINCEAU

Un arrangement.

SAPAJOU

Voilà !... je vous payerai en marchandises, si vous voulez.

DUPINCEAU

Comment, en quincaillerie ?

SAPAJOU

Oui, ma boutique est très-bien fournie, en mouchettes, en éteignoirs... Voulez-vous un bon soufflet j'en ai reçu hier de bien conditionnés... Je suis sur-tout très-connu pour mes quilles ; ce sont elles qui me soutiennent.

Air : *de la Pipe de tabac.*

Voulez-vous une tabatière !

DUPINCEAU

Non, le tabac est mal faisant.

SAPAJOU

Acceptez une bombonnicre.

DUPINCEAU

Me prenez-vous pour un enfant !

SAPAJOU

Un dez...

DUPINCEAU

C'est bon pour une fille.

SAPAJOU

Un tonton,

DUPINCEAU

C'est bon pour des fous.

SAPAJOU

Eh bien, prenez donc une étrille.

DUPINCEAU

Croyez-moi gardez la pour vous.

SAPAJOU

Vous êtes bien difficile.

DUPINCEAU

Diable, mais je ne serai pas à mon aise pour le peindre ici.

SAPAJOU

Vous croyez ?

DUPINCEAU

Non, il vaut mieux que je l'emporte dans mon attelier.

SAPAJOU

Eh ben, emportez-le ; mais ne le gardez pas trop long-
tems.

DUPINCEAU

Avez-vous une échelle ?

SAPAJOU

Oui, dans la boutique.

DUPINCEAU

C'est l'affaire d'un moment. (*Il prend l'échelle, et détache
le singe.*)

SAPAJOU

Ah çà, prenez bien garde de le mutiler !

DUPINCEAU

N'ayez pas peur, il m'est trop cher pour cela, j'y met-
trai tous mes soins.

SAPAJOU

C'est que j'y tiens beaucoup. Hola ! François, venez aider
monsieur. (*Il paraît un commissionnaire.*)

DUPINCEAU

Ah, mon dieu, comme il tient.

SAPAJOU

Si vous alliez gâter mon singe....

DUPINCEAU

Il est en bonne main. (*Il descend.*) (*Au commissionnaire.*)
Portez cela dans mon attelier. (*A part.*) Parbleu, voilà un
bon hazard ; allons chez Desmaisons.

SAPAJOU

Tenez, toute reflexion faite, laissez-le en bleu.

DUPINCEAU

Décidément ?

SAPAJOU

Oui, restons bleu !

SCENE V
SAPAJOU *seul.*

Ah ! c'est bon ; mon singe va être repeint à neuf ; je lui
dois ma fortune, ma réputation, et il va faire encore aujourd'hui mon bonheur. C'est vrai, grace à mes richesses,
j'espère toucher le cœur de Mademoiselle Maline, et si elle
a le cœur sur la main, elle me donnera bientôt l'un et l'autre
par le contrat nuptial. Dame, voilà. Ah ! dieu, la voilà qui
sort ; abordons-la.

SCENE VI.

SAPAJOU, MALINE

SAPAJOU

Mademoiselle , mademoiselle , comme vous passez vîte !
Vous allez un train....

MALINE

Je suis pressée.

SAPAJOU

Arrêtez-vous un moment , il s'agit d'une affaire importante.

MALINE

Pour vous ?

SAPAJOU

Pour nous deux.

MALINE

Ah ! je vous vois venir. Vous voulez encore me parler de
votre amour. Sachez , monsieur , que jamais vous ne me
plairez.

SAPAJOU

Non , mais je plais à votre oncle. Le singe a relevé son
commerce , fait sa fortune.

MALINE

Que m'importe ! le singe n'a pas fait la mienne.

SAPAJOU

Il peut la faire , mademoiselle. Mon état est plus lucratif
que le vôtre.

MALINE

Mais si le mienme suffit ?

SAPAJOU

Vous êtes facile à contenter. Une petite brodeuse....

MALINE

La broderie est plus en vogue que jamais.

Air *de la Rosière.*

Partout c'est la mode,
Chacun suit son code,
Tout le monde, ou brode,
Ou veut être brodé.
L'auteur plein d'adresse,
En brodant sa pièce,
Cache avec finesse,
Un fond hazardé.

Pour un libraire,
Un mercenaire
Consent à faire
Un livre nouveau.
Brodant préface
Et dédicace,
Il faut qu'il fasse
Un in-folio.

On brode en étoiles,
En festons , les toiles,
Robes , schalls et voiles
Des femmes ici.
Pour qu'un petit maître,
Puisse oser paraître ,
Gilet , jabot , guêtre
Doivent l'être
Aussi.

Pour sembler drôle,
L'acteur frivole,
Brodant son rôle,
Place dans son jeu
Clinquant, paillettes,
Vives bleuettes ;
Mais c'est un feu
Dont l'éclat dure peu.

Une jeune fille
Qui brode à l'aiguille ,
Met sur son dessin
Les fleurs de son teint.
Des vieilles fannées ,
Aux fleurs surannées ,
Le métier cassé
Ne brode qu'au passé.

On brode en France ,
Le chant , la danse ,
Gavotte , romance ,
C'est un goût charmant !

Et les roulades ,
Et les gambades
Sont bien loin pourtant
D'être du talent.

Mais comme à l'usage ,
Rendant son hommage ,
On voit le plus sage
Suivre le torrent.
Mon état prospère ,
Vous voyez , j'espère ,
Monsieur , qu'on peut faire
Fortune en brodant.

SAPAJOU

Je sais bien que c'est un joli état , et que vous le possédez
en perfection. Aussi toutes les fois que j'y pense , il redouble
l'effusion de ma tendresse.

MALINE

Ah ! mon dieu, vraiment ?

SAPAJOU

Oui , mademoiselle , les aiguilles , le tambour à broder ,
tout me séduit et m'enflamme.

Air : *ó ma tendre musette.*
O ma tendre Maline ,
Partage donc mes feux !
Ton aiguille divine
M'a donné dans les yeux.
En vain , je veux combattre ,
Mon trop fatal amour ,
Mon cœur ne fait que battre ,
Quand je vois ton tambour.

MALINE

Est-il possible que vous m'aimiez à ce point là.

SAPAJOU

Vous en doutez... Ah! si vous me permettiez de vous en
offrir une preuve.

MALINE

Laquelle ?

SAPAJOU

Dupinceau m'a promis de faire mon portrait.
Air : *c'est à mon maître en l'art de plaire.*
De l'amour , voilà bien un gage ,
Moi , qui vous aime comme un fou !
Daignez accepter mon image ;
Vous la pendrez à votre cou.
La place a droit de faire envie !
Mon bonheur serait sans égal ,
Si vous y mettiez l'effigie
En attendant l'original.

(*Il veut l'embrasser.*)

MALINE *se seculant.*

Oui-dà !

Attendez—moi sous l'orme ,
Vous m'attendrez long-tems.

S A P A J O U

Quoi, tout ce que je vous dis ne vous touche pas! faut-il me prosterner pour vous supplier de m'entendre. (*Il se met à genoux.*)

M A L I N E

Air : *fragment de la Barcarole (du vaisseau.*)

A vos raisons je vais me rendre ;
Oui, je sens qu'il faut un époux :
Vous aimez bien ; moi, je suis tendre :
J'aime aussi... mais ce n'est pas vous.

(*Elle sort en riant.*)

SCENE VII.

S A P A J O U, *à genoux.*

Eh bien... elle me laisse là ! (*Il se lève.*) C'est une chose singulière ? Qui donc me préfère-t-elle ? oh nous verrons ; quand son oncle, M. Bilboquet sera de retour de son voyage, il arrangera cette affaire-là !

SCENE VIII.

SAPAJOU, DUPINCEAU, DESMAISONS.

D U P I N C E A U, *à Desmaisons.*

Tenez, M. Desmaisons, le voici ; parlez lui, comme nous en sommes convenus, songez que je veux du singe huit cents francs ; ainsi arrangez-vous là-dessus.

D E S M A I S O N S, *à Dupinceau.*

Bien, bien, s'il ne les donne pas, je le prends à ce prix là.

D U P I N C E A U

Et vous y gagnerez ; je le donne parce que j'ai besoin d'argent.

D E S M A I S O N S

Bonjour, M. Sapajou.

S A P A J O U

Tiens, voilà mon propriétaire... Bonjour, M. Desmaisons, qui vous amène dans ce quartier-ci ?

D E S M A I S O N S

Plusieurs choses, d'abord le terme.

S A P A J O U

Voilà... il est échu d'aujourd'hui ; vous êtes exact.

D E S M A I S O N S

Ah ! je ne crains pas que vous me fassiez banqueroute.

S A P A J O U

Je crois bien, un homme de boutique comme moi, ne peut pas déménager impromptu.

D E S M A I S O N S

Je n'ai pas la moindre inquiétude, mais dites moi, monsieur Sapajou : vous trouvez-vous bien logé chez moi ?

SAPAJOU

Très bien.

DESMAISONS

Le quartier vous convient-il ?

SAPAJOU

Parfaitement.

DESMAISONS

Avez-vous assez de logement ?

SAPAJOU

Oui , oui.

DESMAISONS

Mais le prix ne vous convient peut-être pas.

SAPAJOU

Le prix. (*A part.*) Est-ce qu'il voudrait me diminuer.

DESMAISONS

Soyez juste; dites-moi si le prix vous convient , je ne veux pas que mes locataires puissent se plaindre de moi.

SAPAJOU

Mais... le prix me convient , si l'on veut.

DESMAISONS

Ecoutez, M. Sapajou.

Air : *je vous comprendrai.*
Vous avez fait dans ma maison
Une fortune assez étrange ;
D'y tenir, vous avez raison :
Eh ! bien , que rien ne vous dérange.
Mais , locataire intéressant,
Ce sont des volontés très-fermes !
Pour vous traiter plus dignement ,
Je veux augmenter (bis)
Augmenter le prix de vos termes.

SAPAJOU

Il est joli, là, celui-la ! vous me louez une boutique , et vous voulez encore avoir un intérêt dans mon commerce ; ah, c'est vraiment une proposition saugrenue.

DESMAISONS

Nous pouvons cependant nous arranger.

SAPAJOU

Je crois bien que çà vous arrangerait , mais moi !

DESMAISONS

Ecoutez donc ! vous avez pour enseigne un singe très-bien sculpté.

DUPINCEAU

Parbleu, je crois bien ; c'est un ouvrage de mon père , du célèbre Dupinceau.

SAPAJOU, *à Desmaisons.*

Eh bien ! ce singe, que vous a-t-il fait.

DESMAISONS

Vous savez que je suis grand amateur de curiosités ; ven-

dez-le moi pour mettre dans mon cabinet, et je n'augmenterai pas votre loyer.

SAPAJOU.

Vous vendre mon singe ! Est-ce que votre cabinet est
une ménagerie ?

DESMAISONS

Je vous offre deux cents francs.

SAPAJOU

Diable ! (*A part*) C'est donc un chef-d'œuvre que ce
singe-là ! (*Haut*) Non.

DESMAISONS

Cent écus.

SAPAJOU

Non.

DESMAISONS

Quatre cents francs.

SAPAJOU

Hé bien ! mettez en cinq, il est à vous.

DESMAISONS

Taupe... Je vais vous les chercher.

DUPINCEAU

Pour me les donner, s'il vous plaît, car le singe est à moi

SAPAJOU

C'est chez vous, que vous voulez dire.

DUPINCEAU

Non ; à moi.

DESMAISONS

Qu'est-ce que cela signifie ?

SAPAJOU

C'est une mauvaise plaisanterie ; rendez-moi mon singe, si
non...

DUPINCEAU

Air : *Comme faisaient nos pères.*

Ah ! ne faites pas le méchant ;
Ici, je vous enseigne,
Quand on vend une enseigne,
Qu'il faut la payer au marchand ;
Mais, bon apôtre,
Quand de la vôtre,   (bis)
Monsieur. le bon apôtre,
Vous m'aurez fini le paiement
Je vous la rendrai sur-le-champ ;
Point de crédit, c'est en payant
Comptant,
Qu'on est franc en affaires,
Comme l'étaient nos pères. (bis)

SAPAJOU

J'ai payé le vôtre, monsieur.

DUPINCEAU

Voyons sa quittance.

SAPAJOU

Je ne sais pas où elle est.

DUPINCEAU

Eh ! bien, moi, je sais où est votre singe.

SAPAJOU

C'est un guet-à-pens !

DUPINCEAU

C'est une horreur !

SAPAJOU

Me prendre ma propriété !

DESMAISONS

Refuser le salaire d'un artiste !

SAPAJOU

C'est violer le droit des gens !...

DUPINCEAU

Bon, monsieur ; c'est une infraction à la justice !

SAPAJOU

Ventre-bleu!

DESMAISONS, *lui frappant sur le ventre.*

Ventre bleu, vous-même.

SAPAJOU

Vous me suivrez chez le juge-de-paix, monsieur.

DUPINCEAU

Je vous y conduirai, monsieur.

SAPAJOU

Voilà... Il croit avoir raison, parce qu'il crie plus fort que moi.

DUPINCEAU

Comment, je crie ?

SAPAJOU

Oui, Monsieur, et vous me faites un injustice criante.

DESMAISONS

Ecoutez donc ; si vous ne lui avez pas payé le singe, il a raison.

DUPINCEAU

Sans doute, qu'il me paye, je ne dis plus rien.

SAPAJOU *à demi-voix.*

Eh bien, taisez-vous, je vous en donne deux cents francs, tout de suite.

DUPINCEAU

Quand Mousieur vous le paie cinq, pas vrai. Non, non, je veux huit cents francs, ou je n'écoute plus rien.

SAPAJOU

Oui, eh bien, gardez-le : j'en ferai faire un autre.

DUPINCEAU

Et je m'établirai avec le vôtre en face de vous.

SAPAJOU

Vous n'en avez pas le droit.

DESMAISONS

Son singe fera la barbe au vôtre.

SAPAJOU

Je suis rasé ; entrons en accommodement.

DUPINCEAU

Ecoutez ; je veux bien m'arranger , et je consens même
que M. Sapajou l'ait.

SAPAJOU

Comment, Sapajou laid.

DUPINCEAU

Oui, monsieur , à une condition , c'est que vous cesserez,
dès aujourd'hui, d'avoir la moindre prétention sur la main de
Mademoiselle Maline.

SAPAJOU

Comment, vous êtes mon rival ?

DUPINCEAU

Un peu, monsieur.

SAPAJOU

Voilà... je suis perdu, ruiné, désespéré... Au diable les
singes ; les femmes , les peintres , la quincaillerie, les pro-
priétaires. Tout se réunit pour me faire mourir.

DESMAISONS

Vous prenez cela au tragique.

SAPAJOU

C'est peut-être comique pour moi. Laissez-moi tranquille ;
il est un traître , et vous une ganache. Et moi encore bien
plus ganache que vous d'avoir été sa dupe. (*Il rentre en colére*).

SCENE IX.

DESMAISONS, DUPINCEAU.

DESMAISONS *en colère.*

Le malhonnête.

DUPINCEAU

Ne faites pas attention , il est en colère.

DESMAISONS

M'appeller ganache.

DUPINCEAU

C'est un imbécile.

DESMAISONS

Il me la paiera.

DUPINCEAU

Soyez plus raisonnable que lui.

DESMAISONS

Pour ce mot-là , j'augmenterai son loyer de cinquante écus

DUPINCEAU

Que tous vos locataires vous disent des sottises , et avant
peu, je vous vois millionnaire.

DESMAISONS

Ganache ! j'aimerais mieux qu'il m'eût appelé juif, avare !

DUPINCEAU

Il aurait parlé comme tout le monde, au lieu qu'il va choisir un mot !

DESMAISONS

Qui n'est pas dans le dictionnaire... Adieu, monsieur. (*Il sort en répétant.*) Ganache !... Il me la paiera.

SCÈNE X.

DUPINCEAU, *seul.*

Allons, voilà l'autre fâché aussi ; mon singe me reste, je n'aurai pas d'argent comptant, et voilà encore mon mariage au diable.

SCENE XI.

DUPINCEAU, MALINE.

MALINE, *accourant.*

Mon ami, mon ami, une nouvelle.

DUPINCEAU

Qu'est-ce que c'est.

MALINE.

Mon oncle arrive.

DUPINCEAU

Ah ! c'est bien heureux.

MALINE

Pas trop je crains qu'il ne m'ordonne d'épouser Sapajou.

DUPINCEAU

Vous avez raison ! Mais quand arrive-t-il.

MALINE

Dans quelques instans,

DUPINCEAU.

Je voudrais bien empêcher qu'il ne parlât à Sapajou.

MALINE

Comment faire.

DUPINCEAU

Ah mon dieu, voilà Sapajou qui revient, il faut le retenir ici. Remontez chez vous et laissez-moi faire.

MALINE

J'entends.

SCENE XII.

DUPINCEAU, SAPAJOU.

SAPAJOU, *sans voir les autres.*

Me voilà dans une jolie passe. Mon singe ne me sort pas

de la tête ! maudite soit l'idée que j'ai eue de le faire repeindre.

DUPINCEAU

Il parle seul.

SAPAJOU

Si j'avais payé Dupinceau, je ne serais pas dans une perplexité si majeure !

DUPINCEAU

C'est le singe qui l'occupe.

SAPAJOU

Bilboquet ne peut pas tarder à arriver ; s'il apprend que je n'ai pas payé le singe, il s'arrangera avec Dupinceau et je n'aurai plus aucun titre pour lui demander Maline. Que de guignon.

SCENE XIII.

SAPAJOU, MALINE *à la fenêtre*, DUPINCEAU *caché.*

SAPAJOU

Voyons si Mlle. Maline ne pourrait pas s'attendrir en ma faveur... Ah la voilà à sa fenêtre... elle arrose ses fleurs... si j'osais... Dites donc, Mlle. Maline.

MALINE

Plait-il, M. Sapajou ?,..

SAPAJOU

Je voudrais bien vous parler en particulier.

MALINE

Parlez, je vous écoute.

SAPAJOU

Oh ! oui, on nous entendrait ; c'est un secret que je veux vous dire, permettez-moi de monter chez vous.

MALINE

Oui, pour faire jaser ! la voisine, sur le carré, est bien la plus mauvaise langue.

SAPAJOU

Eh bien, voisine, le peintre a oublié son échelle, je vais me rapprocher de vous. (*Il monte*) Belle voisine, si vous m'aimiez un peu...

MALINE

Voisin, je vous en prie, parlez donc moins haut.

SAPAJOU

Attendez, je vais me mettre sur le piedestal. (*Il monte sur le socle du singe*)

Air : *la danse n'est pas ce que j'aime.*

De près je vois donc ce que j'aime !
Mais vous ne me regardez pas ;
Vous avez un air d'embarras....

M A L I N E

J'éprouve une frayeur extrême.
Est-ce lui !...

S A P A J O U

Qui donc !

M A L I N E

C'est lui-même.
Dupinceau porte ici ses pas.

S A P A J O U

Ah ! dieu !

M A L I N E

Criez un peu plus bas.

D U P I N C E A U *parlant.*

Qui diable est donc là.... C'est vous, M. Sapajou. Ah ! vous venez en conter à mademoiselle Maline. Sur quel pied osez-vous vous présenter devant elle.

S A P A J O U

Sur quel pied... Vous voyez bien : sur le pied d'estal.

D U P I N C E A U

Que je vous plains. (bis)
Vous ne la tenez pas (bis)

(*Il ôte l'échelle.*)

S A P A J O U

Eh bien, dites donc, vous ôtez l'échelle.

D U P I N C E A U

Vous le voyez bien.

S A P A J O U

Sûrement que je le vois bien ; mais pourquoi ?

D U P I N C E A U

Ah, voilà, c'est pour vous empêcher de descendre.

S A P A J O U

Mlle. Maline, laissez-moi passer par votre fenêtre.

M A L I N E

Vous plaisantez, je crois. Un homme entrer par ma fenêtre. Que dirait-on ? (*Elle ferme sa fenêtre.*)

S A P A J O U

Je vais crier.

D U P I N C E A U

Si vous ouvrez seulement la bouche, j'apprendrai à M. Bilboquet que vous avez voulu entrer chez sa nièce, par la fenêtre ; et votre position déposera contre vous.

S A P A J O U

Je lui parlerai avant vous.

D U P I N C E A U

Si vous dites un seul mot, je vous pousse avec mon échelle de dessus votre piedestal ; et pensez que la chûte ne sera pas douce.

SAPAJOU

Voilà ; cette considération m'arrête, et je ne dirai pas un mot.

DUPINCEAU

J'apperçois M. Bilboquet. Silence.

SCENE XIV.

SAPAJOU *assis sur le piédestal du Singe.* BILBOQUET *arrivant.* DUPINCEAU *caché au fond.*

BILBOQUET

Enfin, me voilà donc de retour, après un voyage de deux ans... Je brûle d'embrasser ma nièce et de revoir mon associé.

SAPAJOU, *à part.*

Il parle de moi.

BILBOQUET

Si j'ai de la mémoire, c'est de ce côté ci qu'était la boutique... Ah ! parbleu, voilà notre enseigne : Au Singe bleu. C'est bien cela.

SAPAJOU, *à part.*

Comment, il me prend pour le singe bleu.

BILBOQUET

Entrons. (*Il entre dans la boutique*).

SAPAJOU, *à part.*

Oui, cherche-moi dans la boutique... Mais vraiment, *Bilboquet* perd la *boule*... Si je croyais que Dupinceau ne fût plus là, je lui parlerais.

BILBOQUET

Comment, il est sorti, et il laisse ainsi notre boutique ouverte. Mais on nous volera. Montons chez ma nièce.

DUPINCEAU, *paraissant.*

Eh ! mon dieu, me trompai je ? Mais non ; c'est M. Bilboquet.

BILBOQUET

Eh ! parbleu, c'est Dupinceau ! Bon jour, mon cher.

DUPINCEAU

Avez-vous fait un bon voyage ?

BILBOQUET

Oui, mon ami ; je rapporte avec moi une jolie pacotille.

DUPINCEAU.

Tant mieux.

BILBOQUET

Mais dis-moi donc, qu'est devenu Sapajou, mon premier garçon, que j'avais mis pendant mon absence à la tête de ma boutique ?

DUPINCEAU

Sapajou. Comment, vous ne savez pas ?

BILBOQUET

Non.

DUPINCEAU

Il est devenu fou.

BILBOQUET

Le pauvre homme !

SAPAJOU, *à part.*

Qu'est-ce qu'il dit donc, je suis devenu fou !

BILBOQUET

Et y a-t-il long-tems ?

DUPINCEAU

Un an après votre départ.

BILBOQUET

C'est terrible. Mais qui donc a eu soin de ma boutique, pendant ce tems-là ?

DUPINCEAU

Mlle. Maline, votre nièce.

BILBOQUET

Ah ! mon dieu, ma nièce. Mais j'y pense, dis-lui donc de descendre.

DUPINCEAU, *appelant.*

Mlle. Maline, monsieur votre oncle est ici.

MALINE, *en-dedans.*

Je descends.

BILBOQUET

Quel événement ! Moi, qui avais envie de lui donner ma nièce en mariage.

DUPINCEAU

Elle ne l'aime pas, et ne l'aimera jamais ; moi, M. Bilboquet, je l'adore, je suis payé de retour.

BILBOQUET

Si ma nièce y consent...

DUPINCEAU

La voici.

SCENE XV.

Les Mêmes, MALINE.

MALINE

Mon cher oncle, vous voici donc de retour !

BILBOQUET

Assez à tems pour te marier, à ce qu'il me paraît.

MALINE

Que voulez-vous dire, mon oncle ?

DUPINCEAU

Que M. Bilboquet nous marie, attendu la folie de M. Sapajou.

MALINE

Ah ! mon oncle, tant mieux, car je ne l'aime pas du tout. Il est si laid.

BILBOQUET

Ma chère amie, ce n'est pas là une bonne raison.

Air : *De sommeiller encore , ma chère.*

Jeune fille qui se marie ,
Doit mieux penser, pour son bonheur ;
Et c'est toujours une folie
De juger par l'extérieur.
Sur les dons du cœur et de l'ame ,
La figure trompant ainsi ..
Souvent la plus aimable femme
N'a qu'une enseigne pour mari.

MALINE

Une enseigne... (*En regardant Sapajou*) C'est pour n'en pas avoir une que je ne veux pas épouser M. Sapajou.

SAPAJOU, *à part.*

Ah ! j'enrage de ne pouvoir parler.

BILBOQUET

Dites–moi . notre enseigne a donc toujours continué d'attirer la vogue a notre boutique , comme Sapajou me l'avait écrit.

DUPINCEAU

Sûrement, on ne parlait que d'elle dans le quartier.

BILBOQUET, *regardant Sapajou.*

Mais, mon ami. en la regardant avec attention.... Il me semble qu'elle est changée depuis mon départ.

DUPINCEAU, *faisant signe à Sapajou de se taire.*

Bah ! comment cela ?

BILBOQUET

Notre singe était plus joli que celui-là.

DUPINCEAU

C'est l'absence ; vous ne vous souvenez pas comment il était.

BILBOQUET

C'est vrai, et puis il faut vous dire que ma vue s'est beaucoup affaiblie. Je n'y vois presque plus sans lunettes ; mais il avait la figure comme le reste du corps...

DUPINCEAU

C'est la pluie... les injures de l'air... Parbleu il est facile d'y remédier. J'avais apporté avec moi un pot de couleur, je vais lui donner une couche.

SAPAJOU *à part.*

Me donner une couche. Comment il va me peindre ; mais je vais parler.

DUPINCEAU *à Sapajou.*

Je vous pousse.... ou plutôt si vous parlez, songez que dès ce soir il faudra vous battre au pistolet avec moi.

SAPAJOU

Je me tais.

BILBOQUET

Mais parle-moi donc de Sapajou.

DUPINCEAU

Oh ! il est dans une situation bien critique.

BILBOQUET

Ce pauvre diable, je le plains de bon cœur.

MALINE

Et moi aussi, en vérité.

DUPINCEAU

Mais, cher oncle, allez donc chez le notaire ; je reste ici
à garder la boutique ; vous apporterez le contrat à signer.

BILBOQUET

Bien ; j'y vais avec Maline, et je reviens tout de suite.

MALINE

Mon oncle, vous êtes un homme charmant (*ils sortent*)

SCENE XVI.

SAPAJOU *sur le piedestal*, DUPINCEAU.

SAPAJOU

Ils s'en vont, M. Dupinceau. Grace, s'il vous plait, je re-
nonce à Mlle. Maline. Je ne dirai rien à M. Bilboquet. Laissez-moi descendre.

DUPINCEAU

Dès que vous aurez signé comme témoin à notre contrat.

SAPAJOU

Je vous promets de signer.

DUPINCEAU

Voici quelqu'un : chut ! souvenez-vous de votre promesse.

SCENE XVI.

Les Mêmes, DESMAISONS.

DESMAISONS

Je me suis en allé en colère. Je n'ai pas pensé à vous
faire des propositions ; puisque le singe est à vous, mon
ami, je vous offre les huit cents francs que j'en donnais à
Sapajou.

SAPAJOU *prend une prise de tabac.*

DESMAISONS *le regardant, effrayé.*

Oh! mon dieu, qu'est-ce que c'est que cela.

DUPINCEAU

N'ayez pas peur : comment, vous ne savez pas : c'est
que ce singe faits par mon père, est un singe mécanique,

un automate qui agit par des ressorts imperceptibles, et obéit aux commandemens de son maître.

DESMAISONS

Un automate, je vous l'achète deux mille francs.

SAPAJOU

Me voilà au plus offrant et dernier enchérisseur ! Mais je suis bien bon de rester là. Il n'y a personne chez Mlle. Maline ; descendons. (*Il rentre par la fenêtre.*)

DUPINCEAU *à Desmaisons.*

Si je vous disais tout ce qu'il sait faire, vous verriez que toute votre fortune ne saurait le payer. Vous avez entendu parler du célèbre flûteur de Vaucanson, ce n'est rien au prix de mon singe.

DESMAISONS

Que fait-il donc encore.

DUPINCEAU

Ce qu'il fait !... Il sait écrire.

DESMAISONS

Ecrire ! Ah monsieur il faut le voir pour le croire.

SCENE XVII. ET DERNIERE.

TOUS LES ACTEURS.

DUPINCEAU

Ah voici M. Bilboquet,... Eh bien, cher oncle, apportez vous le contrat.

BILBOQUET.

Oui, mais dis-moi donc...

DUPINCEAU

Vous allez tout savoir, signons d'abord.

BILBOQUET.

J'ai signé, je n'ai qu'une parole.

DUPINCEAU

M. Desmaisons vous allez voir le prodige. Sapajou va signer son nom comme témoin sur notre contrat.

BILBOQUET

Que veux-tu dire.

DUPINCEAU

Vous allez voir... Sapajou, signez votre nom. Eh bien, où est-il.

DESMAISONS.

Il n'y est plus.

SAPAJOU, *accourant.*

Me voilà, pour vous dire que vous êtes deux bécasses, qui m'auriez laissé peindre la figure, et servir d'enseigne.

DESMAISONS

Eh ! mais, c'est M. Sapajou.

SAPAJOU.

Oui, c'est moi qui étais là.

BILBOQUET

Tu m'avais bien bien dit qu'il était devenu fou... prendre la place de notre enseigne.

DUPINCEAU

Ce n'était pas tout à fait de bonne volonté, nous vous conterons cela.

MALINE.

M. Sapajou, excusez une folie que l'amour peut faire pardonner comme tant d'autres dont il fut l'auteur.

SAPAJOU.

Voilà : mais je suis victimé, moi.

BILBOQUET

Allons, mon garçon, je te conseille... de te consoler.

SAPAJOU

Ah ! voilà...

VAUDEVILLE FINAL.

Air : *On se chagrine trop vîte.*

SAPAJOU

Dupinceau n'a rien à craindre ;
Sa colère, en cet endroit,
Lorsqu'il m'achevait de peindre,
M'a servi plus qu'il ne croit.
J'aurai des femmes de reste,
Leur plaire doit être un jeu !
Je dois leur sembler céleste
Puisque je suis tout en bleu.

DUPINCEAU.

On singe dans cette vie,
Pour tromper et pour charmer;
L'auteur singe le génie,
Le fat singe l'art d'aimer.
Plus d'un travers qui circule
Est singé... L'on voit, parbleu !
Qu'on peut être ridicule
Sans singer le singe bleu.

DESMAISONS

Voulez-vous faire fortune,
Peintre, écoutez mes avis :
Fournissez de blanc la brune,
De jaune certains maris ;
De ce traitant qui s'affiche,
Dorez les calculs heureux ;
Les comptes dont il est riche
Ne sont pas des contes bleux.

BILBOQUET.

Que de contes dans le monde ,
Avec ceux du docteur Gall !
Dans les crânes , à la ronde ,
Il lit sans avoir d'égal.
Sa science qu'on proclame ,
L'eau chaude pour les goutteux ,
La constance d'une femme ,
Voilà bien des contes bleus.

MALINE, *au Public.*

Une enseigne est d'ordinaire
Un signal. un rendez-vous.
Puisse Sapajou vous plaire ,
Et vous attirer chez nous.
Mais sa place est dangereuse ,
De tomber, il craint un peu...
Ah ! d'une main généreuse
Soutenez le singe bleu.

FIN.

Nota. *M. Sapajou doit être vêtu d'une petite veste ronde de pluche bleue et d'un pantalon pareil. Il a des bas, une cravatte et des mules de la même couleur, une petite perruque rousse et un tablier court, de toile bleue , qu'il ôte avec colère dans la scène neuvième, au moment de sa dispute avec Dupinceau.*

De l'Imprimerie de HOCQUET et Comp. , rue du Faubourg Mont-
martre , au coin du Boulevard , N. 4.

In-8°.

Correspondance générale des OEdipes , 1 vol. fig. 4
Fables de Deville , jolie figure. 1 10
*Prophétie contre Albion, par Ch. Nodier, aut. des Proscrits, etc. 6

In-12.

Abécédaire instructif , 1 vol. Beaucoup de figures. 15
   Idem colorié. 1
– Moral 1 vol. idem. 1
– Mythologique , 1 vol. idem. 15 s. Idem . colorié. 1
Charles ou Mémoires historiques de La Bussière , 4 v. fig. 7 10
Chateaux de cartes (les) ou Aventures de M. de Projiniac, 3 v. fi. 5
Clarence Weldone. 2 vol. fig. 3
* Dernier chapitre de mon roman (le) 1 vol. fig. (2e. édition.) 1 10
Deuxième voyage de Jacques le fataliste , 1 vol fig. 1 10
Eloge de l'ivresse , 1 vol. fig. 1 10
* Essais d'un jeune Barde , par Ch. Nodier, auteur des Pros-
   crits , du Peintre de Saltzbourg , etc. 1 vol. 1 10
Fables de Lafontaine , 2 vol. fig. 3
Homme sorti dn Sépulcre [l'], 1 vol. fig. 1 10
Mémoires d'Athanaïse , 4 vol. 7 10
Méthode amusante pour enseigner l'A B C, 1 vol. beauc. de fig. 15
   Idem. colorié. 1 4
Milady Lindsey , 2 vol. fig. 3
Peintre de Saltzbourg (le) par Ch. Nodier , 1 vol. fig. 1 10.
Proscrits [les], par Charles Nodier , auteur du Peintre de
   Saltzbourg , des Essais d'un Jeune Barde , etc. 1 vol. fig. 1 10
Prusse galante (la) 1 vol. fig. 1 10
* Table générale du rapport du Calendrier grégorien avec
   le Calendrier républicain , 1 vol. 1

In-18.

Ana et Facéties , avec figures ou portraits.

* Amours de Manon la ravaudeuse (portrait de Brunet en Zéphir.) 5l
* Angotiana, ou calembourgs de Mad. Angot (portrait de Corsse.) 15
*Brunetiana , ou calembourgs comme s'il en pleuvait.(Brunet
   dans Jocrisse). 1 4
*Cricriana , Recueil des Halles (Tiercelin et Brunet dans Cri-Cri). 1
* Grivoisiana . recueil facétieux par Martainville fig. 1
* Guères de Trois , suite d'Angot et de Brunet (Siége de Trois.) 1
* Ivrogniana ou bons mots et aventure sd'ivrognes, fig. enluminée. 1
* Merdiana suite de l'almanach des Gourmands fig. *ad hoc.* 15
* Rousseliana (vient de paraître) Brunet et Hugot dans Cadet Barbier 1
* Eloge du sein des femmes fig. 1
* Rencontre au foyer Montansier. fig. 15
   On va réimprimer tous ces ouvrages qui font suite et collection.
Roi et le Confident [le], 1 vol. 15

Toutes sortes de Chansonniers.

In-24.

* Annuaire dramatique , ou Etrennes théâtrales , contenant les noms
   et demeures de tous les Directeurs, Acteurs, Musiciens et employés
   de tous les Théâtres de Paris, etc. ; pour l'an 1805 , 1 vol. portrait
   de Mlle. Duchesnois. 1 l.
* Etrennes impériales , avec une jolie gravure représentant
   le sceau de l'Empire. 1 vol. 1 l.
Nouvelles Galantes et Critiques , 4 vol. fig. 4 l.

PIECES DE THÉATRE *du fond de Mad.* Cavanagh.

Absinthe (l') , vaud. Henrion.
Amant rival de sa Maîtresse (l') op. Henrion , mus. Piccini.
Amant soupçonneux (l') , com. en vers . Chazet et Lafortelle.
Amateur tout seul, ou Je débute (l') , molonogue en vaud. Rougemont.
Arlequin musard , vaud. Désaugiers et Francis.
Belle Marie (la) , com -vaud. J. Pain et Th. Dumersan.
Bombarde , parod. des Bardes , Léger. Servière et Daudet.
Bouffe et le Tailleur (le), op. Gouffé et Villiers , mus. Gaveaux.
Brisquet et Jolicœur , vaud. Dumaniant et Servière.
Cadet Roussel chez Achmet , folie. Bosquier-Gavaudan.
Cadet Roussel maître d'école à Chaillot , com. Sidony.
Caponnet , ou l'Auberge supposée , vaud. Chazet et Francis.
Cassandre maître d'école, ou le Célèbre Feuilleton , vaud. Mayeur.
Cécilia , drame en trois actes en vers. Sewrin.
C'est ma femme , vaud. Désaugiers et ★★★
Charbonniers de la Forêt noire (les), c. en 3 a. Sewrin, Serv. et Lafor.
Clémence-Isaure, ou les Jeux Floraux, com-vaud. Gouffé et G. Duval.
Cric-Crac, ou l'Habit du Gascon , vaud. Désaugiers et Jacquelin.
Danières à Gonesse , vaud. Simonnin et Alex. Guesdon.
Deux pour Un , vaud. Chazet et Francis.
Ecole des Gourmands (l') , vaud. Chazet, Lafortelle et Francis.
Edouard et Adèle , com-vaud. J. B. Dubois.
Epée et le Billet (l') , com. Sewrin.
Hôtel de Lorraine (l'), prov. mêlé de v. Chazet, Francis et Lafortelle.
Il faut un Mariage , vaud. Henrion et Brazier.
Intrigue sur les Toits (l'), vaud. Dumersan.
Jean-Bart , vaud. Ligier , Servière et G. Duval.
Jeûne d'Aubigné (le) , ou la Nuit de la S -Barthelemy , d. h. Villiers.
Julie, ou le Pot de Fleurs, op. M. A J★★★. Mus. Fay et Spontini.
Languille de Melun , vaud. G. Duval.
Maître André et Poinsinet, vaud. Dumersan et Brazier.
Malade par amour (le), ou la Rente viagère, vaud. Henrion et Brazier.
Manon la Ravaudeuse , parod.-vaud. Servière , Désaugiers et Henrion.
Médecin de Palerme (le) , vaud. Sewrin et Chazet.
Médecin Turc (le), op. A. Gouffé et Villiers mus. Nicolò-Isouard.
Mode ancienne et la Mode nouvelle (la) , com. en vers. Nanteuil.
M. Girouette , ou Je suis de votre avis , com. J. B. Dubois.
Mot de l'Enigme (le), vaud. Chazet, Désaugiers et Lafortelle.
Mylord Go , tableau impromptu en vaud. Desaugiers et ★★★
Naufrage pour rire (le), ou le Coche d'Auxerre, vaud. Desaugiers.
Ninon de l'Enclos com. vaud. Armand Ragueneau et Henrion.
Oxessian, ou Oh! que c'est sciant ! par. d'Ossian. Francis et Desaugiers.
Pépinières de Vitry (les) , ou le 1er. de Mai , c. v. A. Gouffé et Radet.
Pistache, ou le Jour de l'an , vaud. Desaugiers et Francis.
Pont-des-Arts (le) ou scènes sur Seine. vaud. G. Duval et Dumersan.
Revue de l'an onze (la) , com. vaud. Chazet.
Sapajou, ou l'Enseigne du Singe bleu, vaud. Dumersan.
Scapin tout seul , monolog. en vaud. Dumersan et Moreau.
Seringa, ou la fleur des Apothicaires, vaud. Gouffé, G. Duval et T★★★.
Toujours le même , vaud. Servière et Coupart.
Un après l'autre, ou les deux Trapes (l'), vaud. Désaugiers et Francis.
Une heure d'Alcibiade, op. Dumolard. mus. Taix.
Un et un font onze , prov.-vaud. Villiers et Chaussier.
Un quart-d'heure d'un Sage , vaud. Léger et Servière.
Vélocifères (les) , com. vaud. Dupaty , Chazet et Moreau.
Vestale et l'Amour (la) , vaud. anacréont. Henrion.
Vicheuse du Boulevard (la), mél. en 3 actes. H. Chaussier.
Vincent de Paul , drame en 3 actes en vers. Dumolard.
Voyageur (le) , com. Sewrin.
On trouve chez Mad. CAVANAGH , toutes sortes de pièces de théatre.